Janvier 1867   *Procès verbal*

CATALOGUE

D'UNE RÉUNION

DE

TABLEAUX ANCIENS

DES ÉCOLES

Française, Italienne, Flamande et Hollandaise ;

QUELQUES MINIATURES

dont la vente aux enchères publiques aura lieu

HOTEL DROUOT, SALLE N° 3

Le Jeudi 17 Janvier 1867

A DEUX HEURES

Par le ministère de Mᵉ **CHARLES PILLET**, Commissaire-Priseur,
rue de Choiseul, 11,

Assisté de **M. DHIOS**, Expert, rue Le Peletier, 33,

Chez lesquels se distribue le présent Catalogue.

EXPOSITION PUBLIQUE

Le Mercredi 16 Janvier 1867, de 1 heure à 5 heures.

PARIS

RENOU & MAULDE

IMPRIMEURS DE LA COMPAGNIE DES COMMISSAIRES-PRISEURS
Rue de Rivoli, 144.

1867

CATALOGUE

D'UNE RÉUNION

DE

TABLEAUX ANCIENS

DES ÉCOLES

Française, Italienne, Flamande et Hollandaise;

QUELQUES MINIATURES

Dont la vente aux enchères publiques aura lieu

HOTEL DROUOT, SALLE Nº 3

Le Jeudi 17 Janvier 1867

A DEUX HEURES

Par le ministère de Mᵉ **CHARLES PILLET**, Commissaire-Priseur,
rue de Choiseul, 11,

Assisté de M. **DHIOS**, Expert, rue Le Peletier, 33,

Chez lesquels se distribue le présent Catalogue.

EXPOSITION PUBLIQUE

Le Mercredi 16 Janvier 1867, de 1 heure à 5 heures.

PARIS

RENOU & MAULDE

IMPRIMEURS DE LA COMPAGNIE DES COMMISSAIRES-PRISEURS

Rue de Rivoli, 144.

1867

CONDITIONS DE LA VENTE

Elle aura lieu au comptant.

Les acquéreurs paieront CINQ CENTIMES par franc en sus des enchères, applicables aux frais.

L'Exposition mettant le public à même de se rendre compte de l'état des Tableaux, il ne sera admis aucune réclamation, une fois l'adjudication prononcée.

DÉSIGNATION

DES

TABLEAUX

ASSELYN

1 — Paysage avec figures.

BOUCHER (Genre de)

2 — Triomphe de Vénus.

BOUCHER (École de)

3 — Vénus et Adonis traînés sur un char.

BOURGUIGNON

4 — Combat de cavaliers.

BREYDEL (le chevalier)

5 — Combat de cavaliers.

CARRAVAGE (École)

6 — Portrait d'homme.

CHALANDREY (Signé 1769)

7 — Jeune Fille lisant une lettre. **(Pastel ovale.)**

CHÁLLE

8 — Portraits de deux dames de qualité, époque de Louis XVI. Vues à mi-corps, elles sont dans un parc, assises sur un banc. A gauche, des fruits et du pain coupé sont posés sur une table en pierre.

CHARDIN (École de)

9 — Intérieur de cuisine.

CIMABUË (École de)

10 — Triptyque de forme ogivale, peinture sur fond d'or.

CLAUDE GELÉE (École de)

11 — Paysage. Campagne de Rome.

CORRÉGE (D'après)

12 — Sommeil d'Antiope.

CORTONE (P.)

13 — Neptune poursuivant une Nymphe.

COURTOIS, élève de CLAUDE LE LORRAIN

14 — Port de mer. Effet de soleil couchant.

CRIVELLI

15 — Gibier mort.

DAVID (École de)

16 — Sujet historique.

DECKER

17 — Paysage animé de figures; environs d'une ville de Hollande.

Bon tableau peint dans la manière de Ruysdaël.

DENNER (Manière de)

18 — Tête de vieillard.

DIETRYCK

19 — Étude de vieillard. Tête d'expression.

DOLCY (Agnès)

20 — Buste de la Vierge.

DROWNEY

21 — Ancienne Vue de la Porte Saint-Denis.

DROLLING

22 — Intérieur de cuisine.

DROUAIS

23 — Portrait d'une dame de distinction, époque de
Louis XVI. Elle est assise dans un fauteuil et tient à sa
main un éventail.

24 — Portrait de femme vêtue d'une robe à corsage
bleu.

DUPLESSIS

25 — Portrait de d'Alembert, académicien.

ECKOUT (Van)

26 — Jésus et la Femme adultère.

EISEN

27 — Scène d'intérieur : La Marchande de rubans.

HOLBEIN (Attribué à)

28 — Deux portraits représentant Ulrich van Hejnsberg et
Elisabeth Braun.

HUBER (Signé)

29 — Animaux au pâturage. (Deux pendants.)

HUET

102 30 — Étude de lions.

LAFOSSE

1910 31 — Moïse sauvé des eaux.

Gracieuse composition de neuf figures.

LALLEMAND

85 32 — Paysage maritime, orné de figures.

LAGRENÉE

97 33 — La Sortie du bain.

Gracieuse composition de trois figures.

LEBRUN (Mme)

211 34 — Portrait de femme.

LÉONARD DE VINCI (École de)

41 35 — La Vierge en lecture.

LOO (CARLE VAN)

195 36 — Portrait de M. de Marigny ; il est représenté vu à mi-
corps dans un riche costume de cour.

LOO (Van)

37 — Allégorie historique. (Belle esquisse.)

LUINI (Attribué à)

38 — Saint Jean l'Evangéliste.

CARLE-MARATTE (Attribué à)

39 — L'Enfant Jésus, saint Jean et deux Têtes d'anges.

MIGNARD (Attribué à)

40 — Portrait de jeune femme de la cour de Louis XIV, touchant de l'orgue.

MIGNARD (École de)

41 — Portrait de jeune femme du temps de Louis XIV, tenant une houlette.

MORONI (Attribué à)

42 — Portrait d'homme.

MOUCHERON (Frédéric)

43 — Paysage animé de figures.
Les figures sont attribuées à Adrien Van den Velde.

MOUCHERON

44 — Paysage. (Deux pendants.)

NEER (Arthur Van der)

45 — Vue d'un canal de Hollande. Clair de lune.

ORIZONTI

46 — Les Moissonneurs dans la campagne de Rome.

PALMÉRIUS

47 — Bœufs au repos dans un paysage. Dessin, plume et sépia.

PONTORMO (Attribué à)

48 — La Vierge, l'Enfant Jésus et saint Jean.

REMBRANDT (Copie d'après)

49 — Portrait de Sobieski.

REYNOLDS

50 — Portrait de femme, forme ovale.

ROBERT (Hubert)

51 — Paysage avec cascade et figures sur le premier plan.

ROLLAND DE SAVERY

52 — Paysage boisé.

ROSLEIN (le chevalier)

53 — Portrait de Marie-Antoinette, archiduchesse d'Autriche. (Ovale.)

RUBENS (D'après)

54 — Tête de vieillard.

RUYSDAEL (Salomon)

55 — Paysage hollandais.

SALVATOR ROSA (Attribué à)

56 — Pêche de Tobie.

SCKALKEN (Attribué à)

57 — Scène d'intérieur. Effet de lumière.

TITIEN (École de)

58 — Vénus et l'Amour.

TOCQUÉ (Louis)

59 — Portrait d'une dame de qualité. Assise dans un fauteuil, elle tient un petit chien sur ses genoux.

TYSSENS (A.)

60 — La Vierge chez sainte Élisabeth.

UTRECHT (Adrien Van), 1649

61 — Gibier mort.

VÉLASQUEZ (Attribué à)

62 — Portrait d'une Dame de qualité. Elle est vêtue richement. Son corsage, en velours noir, est orné de perles.

VERNET (Attribué à H.)

63 — Portrait de l'artiste représenté dans son atelier.

VERNET (École de J.)

64 — Pêcheurs.

VÉRONÈSE (École de Paul)

65 — Sacrifice après le déluge.

VINCK (Signés)

66 — Paysages avec pont rustique. (Deux pendants)

ÉCOLE ALLEMANDE

67 — Lucrèce.

ÉCOLE ANGLAISE

68 — Jeune Femme tenant une colombe.

ÉCOLE FLAMANDE

69 — Bataille.

70 — Entrée de village. Paysage.

71 — Tête d'Homme.

72 — Tête de Vieillard.

ÉCOLE FRANÇAISE

73 — Mort d'Adonis.

74 — Petit Paysage, orné de figures.

75 — Chasse au cerf
Grand dessin à l'encre de Chine.

76 — Plusieurs Portraits.

ÉCOLE GOTHIQUE

77 — Descente de croix.

ÉCOLE GRÉCO-RUSSE

78 — Le Jugement dernier.

Composition d'un grand nombre de personnages peints sur fond d'or dans le goût byzantin. Une notice explicative sera remise à l'acquéreur.

ÉCOLE HOLLANDAISE

79 — Paysage avec moulin à vent.

80 — Entrée d'un village.

81 — Petit Paysage avec muletiers.

ÉCOLE ITALIENNE

82 — Paysage.

83 — Muletiers.

84 — Enfants au milieu de fleurs.

Deux grands tableaux décoratifs faisant pendants.

85 — Poissons et Coquillages.

86 — Fleurs et Fruits.

87 — Poissons et Coquillages.

ÉCOLE MODERNE

88 — Vue du Louvre et des Tuileries. Effet de nuit.

ÉCOLE MODERNE

89 — Vue prise dans la forêt de Fontainebleau.

ÉCOLE ROMAINE

90 — La Vierge et l'Enfant Jésus.

ÉCOLE VÉNITIENNE

91 — Allégorie.

FRANCIA (Jacopo)

91 bis — La Vierge et l'Enfant Jésus.
Gracieux tableau.

MINIATURES

92 — Portrait de Mme Campan. Miniature ovale, par Isabey.

93 — Diane et Actéon, d'après l'Albane.

94 — Éducation de Bacchus, d'après le Poussin.

95 — Danse de Nymphes, d'après Van der Werf.

96 — OEnone et Pâris, d'après Van der Werf.

97 — Vénus et l'Amour, d'après le Titien.

98 — Adam et Ève, d'après l'Albane.

99 — Jupiter et Io, d'après le Corrége.

100 — Joseph et Putiphar.

101 — Vénus sortant de l'onde.

102 — Quatre Études de Femmes.

103 — Médaillon en cuivre contenant trois miniatures : Jupiter et Léda, et deux Nymphes.

104 — Portrait d'Homme du temps du Directoire.

Petit dessin de forme ronde à la mine de plomb, signé : Ingres.

105 — Tête d'Étude à la sanguine, signée : Ingres.

106 — GRAVURES ET DESSINS.

RENOU et MAULDE, imprimeurs de la Compagnie des Commissaires-Priseurs, rue de Rivoli, 144.   83